NOTES ET SOUVENIRS

D'UN VIEIL ÉLECTEUR

DU DÉPARTEMENT DU NORD.

NOTES

ET

SOUVENIRS

D'UN VIEIL ÉLECTEUR

DU DÉPARTEMENT DU NORD.

Suum cuique.

PARIS.

IMPRIMERIE DE LEFEBVRE,

RUE DE BOURBON, N°. 11.

M. DCCC XXII.

NOTES ET SOUVENIRS

D'UN VIEIL ÉLECTEUR

DU DÉPARTEMENT DU NORD.

JE suis électeur depuis 1789 , époque à jamais mémorable où tous les ordres de l'État , toutes les classes de citoyens furent appelés à une régénération politique , désirée par ceux mêmes qui avaient des sacrifices à y consacrer. Occupés à rédiger ce qu'on appelait alors nos *doléances*, nous avions encore une autre mission également importante à remplir : celle de choisir des mandataires fidèles et courageux qui pussent les faire accueillir. Aussi, avec quel intérêt ne cherchâmes - nous pas à apprendre si nos espérances se réalisaient, si nos députés répondaient à la haute confiance qu'ils nous avaient inspirée !

C'est de cette époque, où les délibérations de l'Assemblée nationale furent rapportées dans les journaux, que je conçus le projet d'en extraire ce qui concernait notre pays. Ces notes , me disais-je, me serviront si je suis appelé à concourir à de nouvelles élections. Ne nous rapportons qu'aux faits , ne jugeons pas nos

6

Représentans sur les rapports souvent dictés par la malignité et quelquefois par la calomnie. Ne prenons aucune impression relativement à la partie de l'Assemblée où ils ont l'habitude de siéger. Il est impossible qu'un député, véritablement animé de l'amour du bien public, ardent à défendre les intérêts de son pays et à obliger ses compatriotes, ne donne pas dans ses discours, dans ses votes, la mesure de ses vertus et de ses qualités politiques. Ne consultant donc, ni les journaux de partis, ni les pamphlets éphémères, je ne puisai mes extraits que dans les procès - verbaux officiels auxquels succéda bientôt le *Logographe*, puis le *Moniteur*.

Je fus, je l'avouerai, un peu désappointé lorsque le décret politique ou plutôt très-impolitique de l'Assemblée constituante exigea des nominations toutes nouvelles. L'expérience n'était plus d'aucune utilité ; les renseignemens sur les hommes n'avaient plus d'application : il fallut donc encore s'exposer à de nouvelles chances, croire à des promesses séduisantes, ou chercher le mérite modeste sans espoir, souvent, de le faire triompher.

Ma méthode de suivre et d'analyser les travaux législatifs de nos mandataires me parut plus utile que jamais, et j'eus successivement l'occasion de remplir mon porte-feuille d'extraits dont la collection serait, je puis le dire, fort piquante, si nous n'étions enfin parvenus à une époque où tout bon Français ne peut plus méconnaître la sagesse de ces paroles mémorables de l'auteur de la Charte, qui sont une conséquence et une application de l'article XI de cette œuvre immortelle.

Je laisse donc au fond de ce porte-feuille les notes relatives aux travaux des députés de notre département, qui ont siégé avant la restauration, et je crois faire quelque chose d'utile en communiquant à mes collègues électeurs, celles qui appartiennent aux sessions de 1815 à 1822.

Je le répète : mes extraits sont puisés *littéralement dans le Moniteur*, et j'ai aussi rapporté quelques passages, lorsque j'ai pu me les procurer, des discours ou opinions que quelques-uns de nos honorables députés n'ont pu prononcer à la tribune, mais qu'ils ont fait distribuer à la Chambre.

Je ne me suis permis aucune observation et encore moins aucune critique, aucune induction de mon opinion particulière : j'ai voulu laisser à mes collègues à faire, comme moi, l'application du jugement qu'ils porteront, en se pénétrant du sens de l'épigraphe que j'ai adoptée... *Suum cuique.*

8

Ce Recueil est précédé de deux tableaux, dont l'un indique les époques, le mode et les motifs de six convocations de colléges électoraux dans le département du Nord, depuis le mois d'août 1815.

Le second tableau présente la liste générale des députés nommés par ces Assemblées, et renvoie, pour chacun de ces honorables membres, qui ont pris part aux discussions de la Chambre, aux extraits des séances rapportés aux dates correspondantes du Moniteur.

De Députés dans le Dép^t. du Nord, depuis la restauration.

ÉPOQUES	MODE ET MOTIFS DES ÉLECTIONS.	NOMBRE de Député nommé.	OBSERVATIONS.
1815.	Par les anciens colléges électoraux, ceux d'arrondissement présentant des listes de candidats au choix du collége départemental. Il y avait eu de nombreuses adjonctions faites par le gouvernement aux listes des colléges.	12.	*Le collége départemental a été présidé par S. A. R. le Duc de Berry.*
1816.	Par suite de l'ordonnance du Roi du 5 septembre 1816, pour le renouvellement intégral de la Chambre, et sa réduction à l'ancien nombre de députés. Même mode d'élection que l'année précédente.	7.	*Le collége départemental a été présidé par M. le marquis de Jumilhac, commandant la division militaire.* *Par la tactique des billets blancs, il n'a pu être procédé à la totalité des nominations, qui devait être de huit députés.*
1817.	Pour completter la députation: cette élection a eu lieu en vertu de la loi du 5 février 1817.	1.	*C'est M. Revoire, de Lille, qui a été élu.*
1818.	Le département du Nord ayant été désigné par le sort comme faisant partie de la 2e. série, son tour de renouvellement à la Chambre a eu lieu conformément à la loi du 5 février 1817.	8.	
1820.	La loi du 29 juin 1820 ayant établi des colléges de département à conditions différentes, celui du Nord a été convoqué pour l'élection de quatre députés.	4.	*Ce qui porte à douze le nombre actuel des députés du Nord à la Chambre.*
1821.	La mort de M. Gossuin laissant une nomination à faire pour completter la députation du Nord, le collége de l'arrondissement de Cambrai a été désigné par le sort pour y procéder.	1.	*C'est M. le comte d'Estourmel qui a été nommé.*

MM.	SESSIONS PENDANT LESQUELLES				ILS ONT SIÉGÉ A LA CHAMBRE.				ANALYSE de leurs travaux législatifs.	OBSERVATIONS.
Beaussier-Mathon, négociant à Lille.	1815.	1816.	1817.	. . .	. . .	. . .	. . .	. . .	Page 13.	
Benoit, maire de Valenciennes.	1815.	. . .	. . .	. . .	. . .	. . .	. . .	. . .	. . .	
Bernard, conseiller de préfecture.	1815.	. . .	. . .	. . .	. . .	. . .	. . .	. . .	. . .	*A reçu des lettres de noblesse à la fin de la session de 1815.*
Béthisy (le comte de), maréchal-de-camp dans la Garde royale.	1815.	. . .	. . .	. . .	. . .	D1820.	1821.	1822.	Pages 15 à 17.	
Bricout de Cantreine, ex-notaire au Cateau.	. . .	. . .	. . .	. . .	. . .	D1820.	1821.	1822.	. . .	
Brigode (le baron de).	1815.	1816.	1817.	*1818.	1819.	1820.	1821.	1822.	Pages 18 à 39.	
Coppens (le baron).	1815.	1816.	1817.	. . .	. . .	. . .	. . .	. . .	. . .	
De Forest de Quartdeville.	1815.	1816.	1817.	*1818.	1819.	1820.	1821.	1822.	. . .	
Dehau de Staplande.	. . .	. . .	. . .	. . .	. . .	D1820.	1821.	1822.	. . .	
Dequeux Saint-Hilaire.	. . .	. . .	. . .	*1818.	1819.	1820.	1821.	1822.	Page 40.	*Nommé sous-préfet d'Hazebrouck en 1820. — Révoqué en 1822.*
Desmoutier (Ernest), conseiller de préfecture.	1815.	1816.	1817.	. . .	. . .	. . .	. . .	. . .	Pages 42 à 45.	
Dupleix de Mézy, préfet du Nord.	. . .	1816.	1817.	*1818.	1819.	1820.	1821.	1822.	Pages 46 à 53.	
Estourmel (le comte d').	1815.	. . .	. . .	. . .	. . .	. . .	A1821.	1822.	Pages 54 à 56.	*Nommé directeur-général des postes en septembre 1816.*
Frémicourt, négociant à Cambrai.	. . .	. . .	. . .	*1818.	1819.	1820.	1821.	1822.	Page 57.	
Gossuin, receveur-général.	. . .	. . .	. . .	*1818.	1819.	1820.	. . .	. . .	. . .	*Mort en 1821.*
La Maisonfort (le marquis de), du département de la Nièvre.	1815.	. . .	. . .	. . .	. . .	. . .	. . .	. . .	. . .	*Nommé conseiller d'État en 1815.*
Muyssart (le comte de), maire de Lille.	. . .	. . .	. . .	. . .	. . .	D1820.	1821.	1822.	. . .	
Poteau d'Hancardrie.	1815.	. . .	. . .	*1818.	1819.	1820.	1821.	1822.	Pages 59 à 61.	*Nommé conseiller de préfecture en 1820.*
Révoire, négociant à Lille.	. . .	. . .	*1817.	*1818.	1819.	1820.	1821.	1822.	. . .	
Trévise (le maréchal duc de).	. . .	1816.	1817.	. . .	. . .	. . .	. . .	. . .	. . .	*Nommé Pair de France.*
Vanmerris, maire de Bailleul.	1815.	. . .	. . .	. . .	. . .	. . .	. . .	. . .	. . .	

* Elections en exécution de la loi du 5 février 1817.

D. Nominations par le collége départemental (loi du 29 juin 1820).

A. Elections par le collége d'arrondissement de Cambrai.

M. BEAUSSIER-MATHON.

Séance du 1er. avril 1816. — Il vote pour que le monopole du tabac ne soit accordé que pour un an, et non pour cinq. L'honorable député ajoute que, s'il ne considérait les besoins de l'État, il voterait la suppression du monopole, à l'instant même.

Séance du 7 mars 1817. — A l'occasion des dispositions de la loi du 28 avril 1816, qui prescrivent la recherche, dans l'intérieur, des tissus étrangers, et dont M. de Villèle demandait la modification, M. Beaussier-Mathon s'exprime ainsi :

« Vous ne devez pas être surpris de voir ceux qui
» ont compromis leur fortune par des opérations il-
» licites s'agiter dans tous les sens, faire imprimer
» mémoires sur mémoires et chercher à capter la
» bienveillance de tous ceux qu'ils croient disposés à
» les défendre. En général, tant d'agitation décèle
» une mauvaise cause, et vous ne prendrez pas le
» change. Vous connaissez les résultats de la loi dont
» il s'agit ; ils ont été très-bons : la fraude a été para-
» lysée, les tissus étrangers ont été poursuivis, nos
» fabriques ont repris de l'activité, et, si quelques
» maisons de commerce ont souffert, elles peuvent

» dire s'être rendues victimes de leur imprudence et
» de leur cupidité anti-nationale.....

    » Je vote pour le maintien rigoureux des disposi-
» tions de la loi contre laquelle M. de Villèle a
» parlé. »

M. LE COMTE DE BÉTHISY.

Séance du 6 janvier 1816. — Discussion de la loi d'amnistie.

... « Je ne répondrai qu'à une seule pensée expri-
» mée dans cette tribune : Peut-on être plus sévère
» que le Roi? Oui, Messieurs, on le peut; et il est
» des circonstances où on le doit...

... « Nous dirons comme les habitans de l'ouest,
» comme les nobles soldats du trône et de l'autel,
» dont rien ne peut altérer l'amour pour les Bour-
» bons :

» *Vive le Roi, quand même!* » ·

Séance du 13 avril 1816. — M. le comte DE BÉ-
THISY parle en faveur des distilleries françaises et des
établissemens destinés à la fabrication du genièvre,
formés depuis quelques années dans le département
du Nord. Il demande que le droit sur le genièvre importé soit de 25 centimes au lieu de 20.

Séance du 8 mars 1821. — « Je demande la parole
» pour le rappel à l'ordre de l'orateur (M. Etienne),
» et je le motiverai par un seul mot. En 1815, des
» corps armés de royalistes ont occupé des provinces
» du midi, de l'ouest et du nord ; j'ai eu l'honneur

» de commander l'un d'entre eux. Eh bien! dans
» aucun de ces pays, un seul acquéreur de domaines
» nationaux n'a été tourmenté; c'est un fait connu
» de tout le monde... »

Séance du 17 mai 1821. — « M. le comte DE BÉ-
» THISY, au nom d'une Commission spéciale, fait un
» rapport sur le projet de loi relatif au port de Dun-
» kerque; il conclut à l'adoption.

» Je n'abuserai pas de vos momens, dit-il, les con-
» sidérans du projet en ayant déjà dit assez pour vous
» prouver la nécessité de la loi proposée. »

Néanmoins l'honorable député entre dans quelques
développemens sur l'intérêt qu'inspire la ville de Dunkerque, par les malheurs qu'elle a éprouvés et le dé-
vouement de ses habitans aux différentes époques des
guerres maritimes; et il démontre les avantages qui
résulteront, pour le commerce, des travaux proposés.

Séance du 29 mars 1822. — « Messieurs, M. le
» général Foy s'est plaint de ce qu'on ne lui répon-
» dait pas assez souvent : la raison en est simple. Par
» respect pour nos collègues qui viennent des dépar-
» temens pour traiter les affaires de la France, et que
» la longueur de nos discussions oblige à rester sept
» ou huit mois à Paris, nous ne répondons pas à toutes
» les divagations par lesquelles on entrave toujours la
» discussion, et qui sont souvent contraires aux af-
» faires de la France. Mais, puisqu'aujourd'hui on a
» passé toute la journée en dehors du budget, la
» chambre me permettra de faire une courte réponse
» à quelques assertions du général Foy.

» Je suis au service depuis trente-sept ans; j'ai
» servi dans plusieurs armées différentes, et nulle
» part, et dans aucun temps, je n'ai vu le sort des
» sous-officiers aussi assuré que maintenant. »

M. de Béthisy entre dans quelques développemens
tendans à justifier cette allégation; il termine ainsi :

» Eh! sacrebleu, Messieurs, allez dans nos caser-
» nes; demandez à nos vieilles moustaches comment
» nous les traitons, et s'il y en a un seul qui se plai-
» gne.....! »

M. LE BARON DE BRIGODE.

Séance du 4 janvier 1816. — **M.** DE BRIGODE, ins-
crit pour parler sur la loi d'amnistie, et la discussion ayant été fermée avant que l'ordre de la parole
fût parvenu jusqu'à lui, a fait imprimer et distribuer
dans la Chambre son opinion sur le projet de loi.
Elle se termine ainsi : « Consultez l'opinion; con-
» sultez-la, comme vous le disait, dans un tout au-
« tre sens, un de nos honorables collègues, *non dans*
» *les salons dorés, ni dans quelques coteries particulières*
» (ce n'est point là qu'il faut chercher l'opinion d'une
» nation), mais dans les classes moyennes, dans les
» classes laborieuses, dans les classes essentielles de la
» société. Consultez l'opinion du commerce, si direc-
» tement intéressé au rétablissement de la tranquillité
» qui facilite ses utiles spéculations; observez les vacil-
» lations des fonds publics que nous avons vues suivre
» celles des probabilités d'adoption de la loi; consul-
» tez l'opinion de l'habitant des campagnes; consul-
» tez celle de l'armée ! — Considérez cette brave
» garde nationale qui, depuis un an, infatigable dans
» ses sacrifices, donne dans Paris et dans toute la
» France l'exemple de tant d'amour pour son Roi,
» et de tant d'amour pour la Patrie; demandez à tous

» s'ils désirent ou s'ils craignent cette loi d'amnistie
» telle qu'on vous la propose, s'ils pensent que la
» paix et le salut de l'État en dépendent ou qu'ils
» doivent en être compromis; tous vous répondront :
» *Notre bon Roi pardonne... La France est encore*
» *une fois sauvée.*

» Je vote pour l'adoption entière du projet de loi
» présenté par les Ministres. »

Dans la séance du 5 avril 1816, il a été fait distribution aux membres de la Chambre d'une opinion de M. DE BRIGODE contre le maintien, pendant cinq années, du monopole des tabacs. Cet honorable député demande que, si l'urgence des temps commande encore cette année, l'exercice du monopole, on ne contracte aucun engagement pour son maintien dans les années suivantes.

Séance du 13 avril 1816. — Discussion de la loi sur les douanes. — M. DE BRIGODE demande la libre entrée des denrées coloniales par les frontières assujéties au tarif des droits proposés, et conclut, après un développement étendu sur cette question, à l'établissement d'un entrepôt pour la ville de Lille. — Cette opinion a été imprimée par ordre de la Chambre.

Même séance. — M. le baron DE BRIGODE demande la suppression du droit sur les cotons en laine ; il se fonde sur ce que ce droit excessif sous le gouvernement de Bonaparte, supprimé subitement en 1814, avait causé par ses variations un tort réel aux manufactures de coton. Il demande enfin que, si l'on persiste à vouloir maintenir le droit, l'on accorde la res-

2*

titution à la réexportation des cotons non-fabriqués, comme on l'a accordé pour celle des tissus.

Même séance. — M. DE BRIGODE s'oppose à l'augmentation du droit d'entrée sur les toiles écrues, parce que cette mesure occasionnera de la part des Belges une représaille nuisible à la sortie des lins dont ils nous savent dépourvus. Il demande que ce droit soit réduit à 25 francs.

Séance du 27 janvier 1817. — Discussion sur la loi concernant les journaux. — M. DE BRIGODE est appelé à la tribune par l'ordre de la parole, et prononce une opinion improvisée très-étendue, plusieurs fois appuyée par les témoignages d'approbation des côtés de la Chambre les plus opposés, et dont la conclusion est : « Que la Chambre, au lieu d'a-
» dopter le projet mis en discussion, supplie le Roi
» de faire présenter une loi répressive des abus et
» de la licence de la presse, particulièrement pour
» les journaux dont plusieurs personnes paraissent
» si vivement redouter les dangers. »

Séance du 7 mars 1817. — M. DE BRIGODE, dans un discours improvisé, motive son opinion sur la loi des douanes, à laquelle il propose plusieurs amendemens. — L'orateur ajoute « qu'il faut
» distinguer deux sortes de prohibitions : celles qui
» portent sur les matières premières que notre sol
» ne produit pas, et celles qui portent sur les pro-
» duits manufacturés. L'une ne peut se justifier sous
» aucun rapport; l'autre devient nécessaire lorsqu'il
» s'agit de préserver le commerce des pertes qu'oc-

» casionnerait une concurrence subitement établie
» entre des objets d'industrie étrangère et une bran-
» che d'industrie nationale dans laquelle des capi-
» taux nombreux se trouveraient engagés.

» Cette distinction motive le vœu qu'exprime l'o-
» rateur, au nom de son Département, qui demande
» dit-il, le maintien et la rigoureuse exécution de
» l'article 59 de la loi du 28 avril dernier contre l'in-
» troduction des objets de fabrique étrangère, me-
» sure qui doit être prise à la fois dans l'intérêt de
» nos manufactures et par égard à l'utile principe
» de la stabilité des lois, si nécessaire en matière de
» législation commerciale.

» M. DE BRIGODE demande une prime d'exporta-
» tion à la sortie des objets de gobeleterie, équiva-
» lente au droit imposé à l'entrée du salin et de la
» potasse qui servent à les manufacturer, et qu'on
» fabrique en France en petite quantité.

» Il motive, à la fois, sur l'intérêt de l'agriculture,
» sur celui du commerce et celui de la marine, la pro-
» position d'établir l'uniformité du droit de sortie des
» huiles de graines qui paient 6 francs de sortie par
» les ports de mer, et 2 fr. 55 c. par terre. Il demande
» que ce droit soit indistinctement fixé à 2 fr. 55 c.

» Il termine par exprimer son vœu pour une ré-
» vision générale du tarif des douanes, sur laquelle
» le commerce serait scrupuleusement consulté, ce
» qui le préserverait à l'avenir des chances d'insta-
» bilité extrêmement préjudiciables dans les régle-
» mens commerciaux.

» Sauf ces restrictions, M. DE BRIGODE vote pour
» le projet des douanes. »

Séance du 10 mars 1817. — M. DE BRIGOD E renouvelle la proposition qu'il a faite dans celle du 13 avril 1816, que la Chambre veuille bien supplier le Roi d'accorder à la ville de Lille un entrepôt de denrées coloniales tirées des ports de mer français.

Séance du 11 mars 1817. — A l'occasion d'une pétition présentée à la Chambre pour la modification du régime actuel du monopole des tabacs, M. DE BRIGODE renouvelle les propositions qu'il a faites sur cet objet dans le cours de la session précédente.

Séance du 14 janvier 1818. —M. DE BRIGODE émet son opinion sur la loi de recrutement; elle est consignée en entier au Moniteur du 16 janvier 1818. Nous nous bornons à citer la fin de ce discours, remarquable par les principes de saine politique, les observations judicieuses et du plus haut intérêt qu'il renferme.

« Et ne serions-nous pas bien coupables si nous
» négligions de rappeler ici quels cris s'élèvent de
» toutes parts pour qu'on assure l'indépendance de
» la France, pour qu'on lui rende celle dont elle
» est privée ? Pouvons-nous oublier, pouvons-nous
» voir avec indifférence et ce mal-aise et cette lassi
» tude des contrées qui gémissent sous le fardeau des
» armées étrangères, et cette disposition générale des
» Français qui, après avoir, par respect pour la foi
» des sermens, supporté dans une attitude si noble
» et si courageuse les charges incroyables que les trai-

» tés leur imposent pour trois années, hormis le cas
» de discordes qui n'existent pas, réclament et sont
» en droit de réclamer à leur tour l'exécution de ces
» mêmes traités, et veulent sortir enfin d'une situa-
» tion trop cruelle pour qu'elle puisse se prolonger
» davantage sans exposer et la France et l'Europe à
» de nouvelles secousses, à des malheurs incalcu-
» lables ? »

Séance du 24 janvier 1818. —M. DE BRIGODE appuie, de la manière la plus forte, et par les motifs
les plus clairement exposés, les pétitions dont on fait
rapport à la Chambre, qui ont pour objet l'indemnité
due aux habitans du Département pour le logement de
troupes étrangères. (Voyez le Moniteur du 25 janvier,
où le discours de l'honorable député est inséré en
totalité.)

Comité général. — *Moniteur du 18 février 1818.*—
M. DE BRIGODE a appuyé la proposition faite par
M. Dupont de l'Eure, tendant à supplier S. M. de
faire présenter un projet de loi qui, aux termes de
l'article 3 de la Charte constitutionnelle, règle définitivement le droit reconnu à tout Français de pu-
blier et faire imprimer ses opinions.

Séance du 2 mars 1818. — M. DE BRIGODE est entendu comme rapporteur de la Commission des pétitions.

Séance du 13 avril 1818. — La discussion s'établit
sur l'article 15 de la loi des finances, lequel est relatif aux dépenses extraordinaires et urgentes à voter
par les conseils municipaux.

« MM. de Brigode , Camille Jordan , Royer-Col-
» lard et plusieurs autres membres demandent la
» parole.

» M. DE BRIGODE entre dans des développemens
» qui ont pour objet de démontrer l'insuffisance des
» dispositions proposées. » (Moniteur du 15 avril
1818). Il termine ainsi : « Je le répète, Messieurs,
» toutes ces observations ne sont que des doutes qui,
» j'espère, vont se dissiper dans la discussion. Je ne
» les soumets à la Chambre que dans ce but, me
» trouvant d'ailleurs tout-à-fait d'accord avec les in-
» tentions de la Commission sur la nécessité de res-
» treindre la faculté qu'ont les conseils municipaux
» d'élever à un taux exorbitant, par des centimes
» additionnels, les contributions des communes,
» faculté dont est résulté beaucoup d'abus, malgré la
» garantie que présentaient contre eux la sagesse des
» préfets et la circonspection apportée dans l'adhésion
» et les ordonnances ministérielles nécessaires pour
» autoriser ces sortes de perceptions. »

Séance du 27 avril 1818. — M. DE BRIGODE renouvelle ses instances relativement aux indemnités dues
au département du Nord , pour le logement des
troupes étrangères.

« Le ministre a pensé, dit-il, que cette indemnité
» devait être portée à 20 centimes. La Commission a
» partagé cet avis et m'a assuré qu'elle était convain-
» cue que l'augmentation de deux millions proposée,
» cette année, au budget du Ministre, jointe aux
» trois millions votés pour la même destination,

» conformément aux années précédentes, et coïnci-
» dant avec la réduction du cinquième dans le nom-
» bre des troupes, suffirait pour élever l'indemnité
» à 20 centimes.

» Cependant quelques doutes paraissent s'être éle-
» vés sur cette possibilité, à cause des variations
» continuelles qui surviennent dans le nombre des
» hommes cantonnés ou casernés, les chefs de corps
» se réservant la faculté de faire sortir des casernes
» les troupes qu'ils commandent, et de les y faire
» rentrer à leur gré ; à cause encore du grand nombre
» de domestiques, de femmes et enfans que les
» officiers traînent à leur suite, sans qu'il soit pos-
» sible d'établir, à cet égard, aucune règle fixe.

» Je demanderai donc quelques explications à
» M. le rapporteur ; je le prierai de vouloir bien
» dire à la Chambre quels motifs ont porté la Com-
» mission à croire que les cinq millions proposés,
» cette année, au budget du Ministre, suffiraient
» pour élever l'indemnité à 20 centimes.

» J'ajouterai que, pour ne laisser aucune incerti-
» tude sur les intentions équitables de la Commis-
» sion et du Ministre, je désirerais que M. le Mi-
» nistre fût invité, en cas d'insuffisance, d'appliquer
» à l'indemnité de logement et seulement jusqu'à
» la concurrence de 20 centimes, les économies qui
» pourraient être faites sur le service de l'armée
» d'occupation. Tel est l'objet de l'amendement que
» je soumets à la Chambre.

» Je ne fais nul doute qu'une demande si raison-

» nable n'éprouvera aucun obstacle de la part du
» Ministre ou de la Chambre. Si elle est admise,
» j'y trouverai, je l'avoue, un nouveau motif de
» sécurité pour les malheureux habitans qui souffrent
» du fardeau de l'occupation, et qui réellement,
» Messieurs, ne supportent plus leur situation que
» par un effort de courage et par l'espoir, plus fondé
» que jamais, d'être bientôt entièrement débarrassés
» d'une charge si accablante, qu'ils supportent et
» qu'ils ont supportée jusqu'ici pour la libération du
» reste de la France. »

Séance du 1er. mai 1818. — M. le baron DE BRIGODE fait un rapport, au nom de la Commission centrale, sur le projet de loi relatif au canal de la Sensée. Il conclut à l'adoption du projet, sauf quelques modifications, après être entré dans les développemens les plus circonstanciés sur les intérêts locaux et publics dont l'établissement de ce canal est susceptible.

Séance du 17 février 1819. — M. le rapporteur de la Commission des pétitions ayant énuméré celles qui étaient adressées à la Chambre des députés par un grand nombre d'anciens fabricans, de cultivateurs, de négocians, sur le monopole du tabac, M. DE BRIGODE s'exprime ainsi : « Il a été distribué à la Cham
» bre un rapport où l'on n'a rien négligé pour faire
» ressortir les avantages du monopole des tabacs dans
» les mains du Gouvernement. Cependant vous voyez
» que de nombreuses pétitions vous sont adressées
» contre ce système exclusif, qu'elles présentent

» comme fort nuisible aux intérêts du commerce et
» de l'agriculture. Sept pétitions du département
» du Nord seulement sont souscrites de plusieurs
» milliers de signatures : on y donne au monopole
» existant des qualifications que je n'exprimerai pas
» à la Chambre, et on y raconte des choses qui, si
» elles étaient vraies, pourraient passer pour bien
» extraordinaires, sur des moyens employés pour
» faire arriver aussi à la Chambre, des pétitions dans
» un sens tout contraire. Vous avez remarqué, Mes-
» sieurs, que, dans le rapport qui vous a été distri-
» bué, on ne cite que l'ancienne Alsace comme éle-
» vant des plaintes, à raison de sa situation particu-
» lière et de ses anciens avantages. Toutefois plusieurs
» contrées fort distantes ne laissent pas d'élever aussi
» de vives réclamations. Je me bornerai en ce mo-
» ment à appuyer le renvoi, qui vous est proposé, à
» la Commission qui doit vous exposer son opinion
» sur le principe général et les effets du monopole
» dont il est question. » — Le renvoi est ordonné.
Séance du 7 avril 1819. — « Nous rétablissons ici
» (dit le Moniteur du 11 avril 1819) le texte du
» discours improvisé par M. le baron DE BRIGODE,
» dans la séance du 7, contre le projet de loi sur le
» monopole des tabacs. »

Cette opinion est trop étendue pour la rapporter ici;
elle contient six colonnes du Moniteur, et elle n'est
pas susceptible d'extrait, parce que, partout substan-
tielle et forte de principes, il est intéressant de la lire
en entier. J'invite mes collègues électeurs à y recou-

rir; ils verront que cette opinion aurait dû produire
un heureux résultat pour notre département, dont
les intérêts ont été plaidés avec autant d'éloquence
que de justesse de raisonnement.

Séance du 27 avril 1819. — Discussion du projet
de loi relatif à la poursuite des délits de la presse.

» M. DE BRIGODE parle en faveur du projet de loi,
» tel qu'il a été amendé par la Commission, et vote
» contre tous les autres amendemens proposés. Il
» établit que le principe de l'article XX est inhérent
» au gouvernement représentatif, et que, s'il pouvait
» être rejeté, il faudrait regarder la liberté de la
» presse, en France, comme absolument anéantie. »

Séance du 13 mai 1819. — Pétition des habitans
du département du Nord, relative à un supplément
d'indemnité pour le logement des troupes étrangères
en 1816.

« M. DE BRIGODE ajoute quelques explications à
» l'exposé de M. le rapporteur. Il rappelle d'abord
» les pressantes réclamations reçues l'année dernière
» des mêmes départemens, sur lesquels pesait la
» charge de l'occupation, et l'intérêt unanime ma-
» nifesté par la Chambre d'ajouter à une trop mo-
» dique indemnité...

« Il demande que la pétition soit renvoyée, non-
» seulement à la Commission du budget et au Minis-
» tre de la guerre, mais encore à celui des finances,
» et surtout à la Commission des comptes. »

Séance du 19 mai 1819. — Lors de la discussion
des comptes, M. DE BRIGODE insiste sur la légitimité

des réclamations des habitans du département relatives à l'indemnité de logement. Il entre dans des explications d'où naît une discussion qui paraîtra intéressante à ceux qui consulteront le Moniteur du 21 mai 1819, où elle est rapportée en entier. M. DE BRIGODE y attaque d'une manière franche et vive le Ministre des finances, qui paraît s'être joué des promesses qu'il avait faites à la Chambre dans la session précédente.

Séance du 28 mars 1820. — Discussion du projet de loi sur la censure. — M. DE BRIGODE obtient l'attention de la Chambre par l'exorde suivant :

« L'affluence des orateurs qui désiraient expliquer
» pour quels motifs ils changeaient d'opinion dans
» cette circonstance, ou pourquoi ils n'en chan-
» geaient pas, m'ayant empêché d'être entendu dans
» le cours de la discussion générale, je prie la Cham-
» bre d'avoir pour moi l'indulgence qu'elle a accordée
» à quelques-uns de nos collègues, et de me permet-
» tre de lui exposer le plus brièvement que je pour-
» rai, à l'occasion de l'article que nous examinons,
» comment il se fait, qu'ayant voté, il y a trois ans
» et l'année dernière, en faveur de la liberté des
» journaux et autres écrits soumis à des lois répres-
» sives, je vote encore en ce moment pour des lois
» répressives et le maintien de la liberté des jour-
» naux et autres écrits. J'ajouterai quelques mots
» sur un des points de notre situation présente vers
» lequel l'attention de la Chambre ne s'est pas diri-
» gée. » (Grand silence.)

La suite du discours est plein d'aperçus fins et spi-
rituels sur l'opinion publique et sur la direction que
les partis veulent lui donner. Il paraît, d'après les
annotations du Moniteur, que les observations de
l'honorable député ont été écoutées par la Chambre
avec beaucoup d'intérêt. Nous nous bornerons à citer les conclusions de son vote.

» Je reviens à ce que j'ai dit, Messieurs : si je ne
» désirais sincèrement des lois répressives de l'abus
» de la presse, je ne serais pas éloigné de voter pour
» la censure, parce que je ne la considérerais que
» comme forcément passagère et devant ramener l'u-
» sage le plus entier de la liberté; parce que son effet
» me paraît devoir être de faire perdre de vue l'in-
» convénient des excès de la liberté dont tous les
» esprits sont actuellement occupés; parce que je ne
» serais retenu par aucune crainte en faisant cette
» concession, pas même celle d'un Ministère *ultrà*
» qui parviendrait après celui qui nous gouverne, et
» qui ne voudrait plus s'en dessaisir.

» Mais c'est parce que je suis fortement frappé de
» la nécessité d'empêcher le mal et que je crois le
» moment utile pour y porter remède, que je de-
» mande que l'on en profite; et c'est ce qui fait que
» je vote contre la censure et contre l'article dont
» nous nous occupons. »

Séance du 8 avril 1820. — Plusieurs députés
avaient parlé, dans cette séance, en faveur de l'augmentation d'indemnité de logement réclamée par les
départemens occupés par l'étranger. A l'occasion de

cette indemnité, il s'engage une discussion très-vive dans laquelle le Ministre des finances s'oppose à l'amendement de la Commission, tendant à l'allocation de l'augmentation dont il s'agit, parce que cet amendement est, selon M. le Ministre, une véritable proposition de loi qu'il n'appartient qu'au Gouvernement de présenter.

Cette doctrine est combattue par plusieurs membres de la Chambre. (Voyez le supplément au Moniteur du 10 avril 1820.) On demande à aller aux voix. —

M. DE BRIGODE réclame la parole en faveur de l'amendement de la Commission. On crie de nouveau : *aux voix! aux voix!...*

M. DE BRIGODE, *à la tribune.* «Je supplie la Cham-
» bre de vouloir bien m'accorder quelques instans en
» faveur des départemens qui ont si cruellement souf-
» fert. Il serait trop pénible qu'ici la forme emportât
» le fond. Il y a trois ans que ces malheureux dépar-
» temens luttent pour obtenir une bien faible jus-
» tice... Je vous prie de vouloir bien m'entendre. »

On insiste pour la clôture de la discussion : la clôture est rejetée. La Chambre prononce l'ajournement à lundi.

Séance du 10 avril 1820. — L'ordre du jour appelle la continuation de la discussion précédente, c'est-à-dire sur l'amendement de la Commission tendant à accorder un fonds de 2,400,000 francs à répartir entre les départemens qui ont été occupés.

« M. DE BRIGODE : — Cette question était au mo-

» ment d'être épuisée dans notre dernière séance ;
» lorsque, malgré l'opposition, très-redoutable sans
» doute de M. le Ministre des finances, quoiqu'elle
» fût unique, j'allais demander la parole, moins pour
» ajouter quelques motifs nouveaux à l'appui du pro-
» jet adopté par la Commission, que pour exprimer
» en quelque sorte d'avance à la Chambre la recon-
» naissance de nos compatriotes, près enfin de re-
» cueillir les bons effets de votre justice et de votre
» libéralité.

» J'allais faire remarquer comment, de tous les
» points de cette salle, avaient éclaté des dispositions
» favorables ; comment, les différentes nuances d'o-
» pinions politiques disparaissant dans un même
» sentiment d'équité généreuse ; et la gauche et la
» droite et la partie centrale, où les Ministres trou-
» vent le plus souvent leurs points d'appui, s'étaient
» empressées à l'envi de se réunir dans cette cause
» si juste contre un Ministre qui restait tout seul de
» son opinion.....

» Cependant, Messieurs, tout-à-coup la question
» vint à changer de face ; elle réveilla d'autres ques-
» tions politiques d'une grande importance et qui me
» forcent d'entrer dans cette discussion. »

M. DE BRIGODE aborde ces grandes questions, et il les traite avec une lucidité remarquable. Ces déve-loppemens sont consignés en entier, au Moniteur du 11 août 1820.

Reprenant ensuite l'objet particulier de la discus-sion, l'honorable député termine ainsi :

« Je réclame l'indemnité promise, non comme
» une juste compensation de ce que nos contrées ont
» supporté pour le salut de la France, mais comme
» un faible témoignage du souvenir des bons exemples
» qu'elles ont donnés et des services rendus par elles
» à la Patrie. Nous soutiendrons, nous reprodui-
» rons ces justes réclamations aussi long-temps que
» l'on refusera d'y satisfaire.

» Si j'adopte la proposition du Gouvernement,
» faite dans le budget de la guerre et appuyée par
» la Commission, c'est parce que je la crois juste,
» raisonnable et essentiellement politique. Si vous
» la rejetez, Messieurs, nos huit départemens et
» nos trente -deux députés n'oublieront pas que c'est
» principalement à M. le Ministre actuel des finances
» qu'ils auront l'obligation..... »

Le discours de M. de Brigode a été imprimé par
ordre de la Chambre.

Séance du 22 avril 1820. — M. DE BRIGODE prend
la parole dans la discussion relative au projet de loi
sur les douanes.

« En lisant, dit-il, dans les motifs de la loi des
» douanes les éloges, j'aime à le croire, très - mé-
» rités qu'accorde M. le directeur-général à son ad-
» ministration, en voyant l'exposé des perfections de
» tout genre qui la distinguent sous un chef aussi
» habile, nous n'éprouvons qu'un regret : c'est qu'il
» n'y ait pas une connexion assez étroite entre l'in-
» dustrie des peuples et les institutions qui les pro-
» tégent, entre la situation de la douane et celle du

» commerce , pour qu'il soit toujours permis de con-
» clure de l'une à l'autre ; c'est , disons-nous, que
» l'état florissant de la douane française n'ait pour
» conséquence inévitable la prospérité du commerce
» et de l'industrie de la même nation. »

L'orateur aborde ensuite franchement l'exposé de la situation pénible où se trouvent les établissemens industriels en France et la gêne qu'éprouve notre commerce. Le Moniteur contient son discours entier; il a été, en outre, imprimé par ordre de la Chambre. Je me suis borné à recueillir le résumé de cette opinion qui est du plus haut intérêt.

« Nous demandons à la douane des condamnations
» un peu plus fréquentes et des transactions un peu
» plus rares.

» Nous demandons au Gouvernement et à la douane
» la formation d'une Commission pour l'examen et
» la comparaison des cotons filés français et anglais,
» et l'exécution entière de la loi relativement à ces
» derniers cotons dont nos fabriques peuvent fournir
» les mêmes numéros.

» Nous demandons au Gouvernement la formation
» d'une fabrique expérimentale à l'instar des fermes
» dont les perfectionnemens agricoles ont retiré tant
» d'utilité. Nous lui demandons, nous invoquons
» une sollicitude et des soins qui se sont trop peu
» manifestés jusqu'ici et dont l'industrie et le com-
» merce ne peuvent se passer, principalement dans
» les circonstances actuelles.

» Nous demandons à la Chambre l'adoption de la

» proposition de sa Commission relative aux nankins.»

Séance du 28 avril 1820. — M. DE BRIGODE rappelle l'amendement de la Commission sur lequel il avait insisté dans la séance du 22, lequel a pour objet la prohibition des nankins de l'Iude. L'orateur prouve par le calcul, que les droits qui seraient perçus par la douane pour l'importatiou de 1,200,000 pièces de nankin que l'on iutroduit annuellement en France, ne s'élèveraient pas à ceux que l'on percevrait pour la cargaison d'un seul bâtiment.

Séance du 31 janvier 1821. — On fait un rapport à la Chambre de plusieurs pétitions présentées par des communes du département du Nord, tendantes à obtenir une loi qui règle le mode de réparation et d'entretien des chemins vicinaux.

M. DE BRIGODE prend la parole. « Les pétitions » dont il s'agit, que je me suis chargé de présenter à » la Chambre et d'appuyer auprès de vous, Messieurs, » intéressent tous les départemens de la France, quoi- » que, assurément, cet intérêt puisse paraître plus ou » moins pressant, à raison de quelques localités. »

L'honorable député expose la situation difficile où se trouvent les administrations locales, depuis la promulgatiou de la loi du 22 mai 1818, dont les dispositions ont été adoptées alors, parce qu'on promettait une loi d'organisation municipale qui aurait réglé les attributions en fait de travaux communaux; mais cette loi est encore à paraître.

» Ces pétitions ont donc pour but, dit M. DE BRI- » GODE, ou bien d'obtenir immédiatement une loi

3*

» particulière sur cet objet, ou bien qu'en attendant
» cette loi, on rapporte les dispositions de la loi de
» mai 1818, qui y sont relatives, et que les com-
» munes soient provisoirement autorisées à pourvoir
» à la réparation de leurs chemins vicinaux par les
» moyens employés jusques en 1818.

» Cette demande me paraît extrêmement raison-
» nable. Il est assez naturel que les communes vien-
» nent vous dire : *Ou bien rendez-nous ce que nous*
» *avions, ou bien donnez-nous quelque chose de*
» *mieux.*

Séance du 12 février 1822. — Discussion sur la
liberté des journaux. — M. DE BRIGODE prononce
une opinion développée, dans laquelle, en repous-
sant l'amendement, il rentre dans la discussion générale du projet de loi.

Il faut lire, dans le texte même, ce discours remarquable par le ton de modération et la profondeur
des pensées qui y règnent dans tout son contenu.
Voici comment a terminé l'orateur :

» Je m'appuierai sur ces pacifiques et incontesta-
» bles dispositions, pour arriver à une conclusion ab-
» solument contraire à celle des défenseurs du pro-
» jet de loi. Tout à l'opposé de leur jugement sur
» l'état de la France, qui, selon plusieurs d'entre eux,
» exige, particulièrement aujourd'hui, de fortes res-
« trictions à la liberté des journaux, ce qui me paraît
» certain, c'est que la France ne s'est pas encore
» trouvée dans une situation plus propre à en jouir
» sans danger ; ce qui me paraît certain, c'est que,

» redoutable seulement pour ces gouvernemens qui
» cherchent à se maintenir, ou bien à s'établir ail-
» leurs qu'au sein des intérêts dominans dans la so-
» ciété, elle ne peut l'être pour notre pays, si l'on
» est résolu de soutenir franchement ses institutions
» actuelles ; c'est enfin que, par la raison même
» qu'elle a contribué à précipiter le renversement de
» l'ancien régime, elle deviendrait le plus solide ap-
» pui du gouvernement de la restauration, maintenu
» dans ses formes originaires ; cela s'explique par l'i-
» dée la plus simple. A l'époque dont nous parlons,
» la majorité de la nation avait un intérêt subversif
» de l'ordre de choses existant ; et, plus il y avait de
» liberté de la presse, plus il était possible de le faire
» sentir. A l'époque présente, cette même majorité,
» et je dirai volontiers toute la nation, y compris le
» trône, à l'exception des classes dont j'ai parlé, a
» un intérêt conservateur ; et, plus il y aura de liberté
» de s'exprimer sur sa position, mieux elle le sentira,
» plus il y aura de motifs pour qu'elle s'y attache.
» — Je vote le rejet de la loi. »

Séance du 12 juillet 1822. — L'ordre du jour appelle l'ouverture de la discussion sur le budget. —
M. DE BRIGODE est appelé le premier, à la tribune.

Voici l'exorde de son discours :

» Un des caractères particuliers du siècle où nous
» vivons, c'est d'aller au positif. Quels que soient les
» préjugés plus ou moins favorables, attachés à certains
» mots, qui indiquent telles nuances d'opinions po-

» litiques, telles formes d'organisation sociale, ce
» n'est point parce que les Ministres se disent roya-
» listes ou libéraux, ni parce que les gouvernemens
» s'appellent républicains ou monarchiques, qu'ils
» sont sûrs de jeter leurs racines dans l'opinion, ou
» de s'attirer l'inébranlable appui de l'assentiment et
» de l'amour d'une nation. Celui qui sera le plus éco-
» nomique et le moins onéreux, qui, satisfaisant à
» moins de frais aux besoins publics, laissera au peu-
» ple la plus grande portion de ce qu'il s'est acquis
» par son travail, aura partout la préférence, parce
» partout il sera considéré comme procurant le plus
» de jouissances sociales, et donnant par cela même
» le plus de garanties d'un repos qu'on craint tou-
» jours de voir troubler en proportion de ce que l'on
» est heureux.

» Tout ce que l'on a dit de décisif, en matière de
» gouvernement, se réduit là. La liberté et l'égalité
» pour lesquelles les nations se passionnent actuelle-
» ment, ne doivent pas aboutir à autre chose ; et, si le
» gouvernement représentatif avait un autre but, il
» aurait aujourd'hui des partisans moins nombreux,
» le régime des chartes aurait une vogue moins uni-
» verselle. »

L'orateur partant de ce principe, passe en revue
les budgets des Ministères qui ont précédé celui qui
tient actuellement les rênes de l'administration. Il exprime ses regrets de n'apercevoir aucune mesure qui
puisse faire espérer des économies et, par suite, la
réduction des dépenses ; ce qui le conduit à des consi-

dérations générales sur la situation de l'agriculture, du commerce et de l'industrie en France.

L'impression de ce discours avait été vivement demandée, mais n'a pas été accordée.

M. DEQUEUX SAINT-HILAIRE.

A l'occasion d'une pétition présentée par le sieur Fauveau, ancien contrôleur des magasins de tabac à Hazebrouck, et sur laquelle on propose l'ordre du jour, M. Dequeux Saint-Hilaire prend la parole.

« Je viens, dit-il, m'opposer à l'ordre du jour : » le sieur Fauveau se trouve dans un cas tout parti- » culier ; il avait demandé sa retraite en 1814 ; une » lettre d'avis lui avait annoncé la liquidation de sa » pension ; des événemens postérieurs ont fait perdre » de vue cet objet. Lorsque le sieur Fauveau a fait » ses réclamations, au lieu d'une pension reconnue » et liquidée, on lui a accordé seulement une in- » demnité, une fois payée. Il y a ici erreur et injus- » tice : l'une et l'autre doivent être réparées. Je de- » mande le renvoi de la pétition à M. le Ministre » des finances. »

Séance du 5 août 1822. — M. Dequeux Saint-Hilaire propose un article additionnel à la loi de fi-nances, tendant à établir une réduction proportion-nelle sur les traitemens et salaires accordés aux fonc-tionnaires publics et employés payés, soit par les fonds fournis par le trésor royal, soit par les recettes provenant des contributions directés ou indirectes.

L'honorable député présente un tarif à l'appui de sa proposition, d'après lequel les retenues dont il s'a- git ne seraient opérées qu'à partir des traitemens au- dessus de 2,5oo francs.

M. ERNEST DESMOUTIER.

Séance du 13 avril 1816. — L E projet de loi de douanes contenait la proposition de fixer le droit à l'importation des charbons de terre étrangers, à raison de 60 centimes pour ceux qui seraient introduits en France depuis la mer jusques à Condé, et de 30 centimes pour ceux qui entreraient par les autres points plus reculés de la frontière.

M. DESMOUTIER demande que le droit de 60 centimes ne soit point exigé à partir du bureau de Baisieux, au lieu de l'être jusqu'à celui de Condé. « Les » motifs de cet amendement sont fondés, dit-il, sur » l'intérêt de la grande partie des habitans de ce dé- » partement dans l'usage de s'approvisionner de char- » bons de terre de la Belgique, lesquels sont trans- » portés à Lille par la chaussée de Tournai où le » bureau des douanes est établi.

» En adoptant sans modification le projet de loi, » on porterait, ajoute l'honorable député, un grand » préjudice au commerce de ce département, puis- » qu'on priverait un nombre considérable de fabri- » cans et de manufacturiers de l'avantage d'un trans- » port accéléré et peu dispendieux, qui ne pourrait » plus avoir lieu pour éviter un droit aussi élevé,

» que par la chaussée de Quiévrain à Lille par Va-
» lenciennes ; circonstance qui augmenterait les dé-
» penses à la charge de l'État par la nécessité d'entre-
» tenir une route plus étendue d'environ soixante
» kilomètres. »

Quant au droit de 3o centimes proposé sur les char-
bous importés à partir du bureau de Condé, M. Desmoutier expose que le but que l'on paraît vouloir
atteindre, ne le serait sous aucun rapport.

» On veut accroître les produits du fisc ; mais l'é-
» lévation du droit, au lieu d'augmenter les ressour-
» ces de l'Etat, ne les fera-t-elle pas, au contraire,
» beaucoup décroître par une diminution sensible
» d'importation ?

» On espère favoriser, par l'établissement de ce
» droit, lés établissemens de mines françaises ; mais,
» s'il convient d'encourager ces utiles établissemens,
» il faut aussi que cette faveur ait de justes bornes,
» et prendre en considération les besoins des con-
» sommateurs auxquels les produits des mines d'An-
» zin et d'Aniche ne pourraient pas suffire ; il en
» résulterait, à défaut de concurrence des houilles
» de la Belgique, un renchérissement du combusti-
» ble, nuisible aux nombreuses fabriques des dépar-
» temens septentrionaux. »

Session de 1818. — Discussion de la loi des douanes. — M. Desmoutier renouvelle ses représenta-
tions sur les graves inconvéniens d'un droit trop exorbitant à l'entrée en France des charbons de terre
exotiques.

» Lorsque la Belgique, par le traité de Paris, a été
» séparée de la France, la houille de cette province a
» été taxée pour l'importation en France à 10 cen-
» times par quintal métrique. Cette taxe modérément
» établie dans l'intérêt des mines à charbon exploi-
» tées dans le département du Nord par les compa-
» gnies d'Anzin et d'Aniche n'a pas été critiquée,
» mais celle que la loi du 28 avril 1816 a élevée à 30
» centimes a excité des réclamations, parce qu'elle a
» paru trop favoriser ces compagnies au préjudice des
» consommateurs, en leur procurant la facilité d'aug-
» menter, sans crainte de concurrence, le prix de leur
» charbon ; et elles l'ont en effet enchéri de 10 cen-
» times par hectolitre, depuis l'établissement de
» cette taxe.

» S'il était vrai, Messieurs, que l'usage en France
» des charbons de la Belgique pût nuire à l'activité
» de l'exploitation des mines du département du
» Nord, je m'abstiendrais de provoquer sur le droit
» d'importation que ces charbons supportent, une ré-
» duction quelconque ; mais il est constant que leur
» introduction en France ne nuit pas aux établisse-
» mens d'Anzin et d'Aniche, puisqu'il est reconnu
» qu'ils ne peuvent approvisionner les départemens
» septentrionaux, forcés de recourir aux charbons
» étrangers. »

D'après ces considérations, M. Desmoutier pense
qu'il serait juste que le droit établi sur les charbons
importés par l'Escaut fût réduit, et que cette réduction fût proportionnée à celle que la Commission a

proposée en faveur des charbons importés par la Meuse. L'honorable député ajoute : « En accueillant
» la proposition de votre Commission, qui a pour
» but de favoriser les fabriques et les manufactures
» placées dans le voisinage de la Meuse, vous ne re-
» jeterez pas celle que je fais, qui n'a aussi pour objet
» que de favoriser dans d'autres lieux l'industrie fran-
» çaise. »

« Il propose en conséquence, que le droit de 30 cen-
» times établi sur les houilles de la Belgique soit réduit
» à 20 centimes pour les importations par l'Escaut,
» attendu que le charbon importé par la Meuse n'est
» assujetti qu'à un droit de 15 centimes. »

M. DUPLÉIX DE MÉZY.

Séance du 7 mars 1818. — Discussion de la loi sur les douanes. — « M. DE MÉZY approuve dans
» son ensemble, le projet de la Commission, sauf
» deux changemens qui intéressent particulièrement
» le département du Nord.

» Il énonce ces changemens et donne à cette partie
» de la discussion un développement appuyé sur des
» calculs très-détaillés dans les intérêts des fabriques
» du Nord. Il s'occupe d'abord des toiles de chanvre
» et de lin introduites en France. Il rappelle les an-
» ciens tarifs des droits, et propose qu'ils soient
» portés à 140, 150 et 160 francs par cent kilo-
» grammes.

» La seconde observation de M. DE MÉZY est rela-
» tive aux charbons venant en France de l'étranger
» par la frontière de Flandres. — En combinant les
» divers intérêts, l'orateur pense que le droit pro-
» posé doit être réduit à 15 centimes par kilogramme,
» mais uniquement sur les charbons venus par eau.»

Séance du 28 janvier 1818. — M. DE MÉZY prend la parole à l'occasion d'un amendement proposé sur l'article 7 du projet de loi relative au recrutement.

» Le terme de la *présentation* de la loi , dit-il , a été
» proposé dans un but utile. Il s'agit de prévenir
» des mariages précoces et des unions mal assorties.
» Or, il y en aura beaucoup si vous adoptez le terme
» de la *promulgation.* Vous délibérez depuis trois se-
» maines ;. beaucoup de jours s'écouleront encore
» avant que la Chambre des Pairs ait statué , avant
» la *publication* de la loi. Cependant le terme de la
» présentation serait peut-être trop sévère ; il pour-
» rait atteindre des jeunes gens dont les bans au-
» raient été publiés. Je propose un moyen terme ,
» et, par exemple, l'époque du 1er. janvier présent
» mois. »

Séance du 25 mars 1818. — Un membre de la
Chambre ayant renouvelé ses réclamations dans l'intérêt des fabriques de Laval et du département de la
Mayenne, M. DE MÉZY demande vivement la parole.
« Sans doute, dit-il , les intérêts des fabriques de la
» Mayenne doivent être respectés , mais je viens ,
» à mon tour, plaider ceux du département du
» Nord. Ce département a des blancheries très-im-
» portantes, et la moindre augmentation sur le tarif
» des toiles écrues, ruine complètement ces établis-
» semens. »

Même séance. — M. DE MÉZY présente des observations sur les droits établis à l'importation des charbons de terre. « J'insisterai, dit-il, comme l'an
» passé, pour que le charbon introduit par terre, et
» qui dégrade les routes par l'énormité du poids,
» continue à payer le droit de 30 centimes, et que

» la réduction n'ait lieu que pour celui qui sera in-
» troduit par eau. Il en résultera conservation pour
» les routes, et augmentation de droits de péage sur
» les rivières et canaux. »

Séance du 10 avril 1818.— M. DE MÉZY prend la
parole après M. de Corbières, dans la discussion sur
les abonnemens des préfets pour leurs frais de bureau.
« Il se peut, dit-il, que, dans le département d'Ille-
» et-Vilaine, les abonnemens suffisent au préfet : je
» ne connais pas ce département, et ne puis en juger;
» mais dans les deux départemens que j'ai été appelé
» à administrer, voici ce que j'ai été à portée de con-
» naître : l'abonnement de l'Aube était de 30,000 f.
» il restait 4,000 f. de libres ; mais il est aujourd'hui
» réduit à 25,000 fr. : il y a insuffisance. Ce dépar-
» ment est petit; il n'y a qu'une grande ville. Quant
» au département du Nord, 50,000 fr. sont accordés.
» Or, ce département compte trente villes, une
» double ligne de douanes, un port de mer , un
» grand nombre de places fortes; il supporte l'occu-
» pation. Assurément les 50,000 ne suffisent pas.
» Quand il n'y avait pas d'abonnement, les frais s'é-
» levaient à 70 et 75,000 francs. Ainsi on ne peut
» raisonnablement compter sur la possibilité d'une
» diminution. »

Séance du 27 avril 1818. — M. de Brigode ayant
renouvelé ses instances pour obtenir que l'indemnité du logement des troupes étrangères dans le département du Nord, fût portée à 20 centimes, M. DE
MÉZY prend part à la discussion : « En 1817, dit-il,

» l'indemnité n'a pu être que de 9 centimes pour
» l'été; 17 centimes pour l'hiver : terme moyen,
» douze centimes à peu près. Ainsi, pour arriver au
» terme moyen, il faudrait 6,150,000 francs. Ainsi
» une augmentation de fonds paraît indispensable.—
» S'il y a excédent, je demande qu'il tourne au pro-
» fit de l'indemnité et qu'elle soit portée au terme
» moyen de 18 centimes. »

Séance du 9 janvier 1819. — A l'occasion d'une
pétition des habitans de Merville, ayant pour objet
de prévenir l'exécution d'un projet du génie militaire, tendant à substituer une digue de dix pieds de
hauteur au chemin actuel de hallage le long de la
Lys, M. DE MÉZY s'exprime ainsi : « La commune
» de Merville est située dans un canton où les com-
» munications sont très-difficiles : c'est par ce terri-
» toire que les Princes français sont revenus en 1815.
» On demanda qu'il y fût rétabli une route, mais
» le génie militaire, qui devait être chargé de diri-
» ger cette entreprise, trouva de grandes difficultés
» pour la mettre à exécution : en conséquence il
» n'y a pas été donné suite; en sorte que les pé-
» titionnaires se plaignent d'une détermination qui
» ne doit leur donner aucune sollicitude. Dans
» tous les cas, je demande, avec la Commission,
» que leur pétition soit renvoyée au Ministre de la
» guerre. »

Séance du 19 mai 1819. — M. DE MÉZY appuie la
proposition de M. de Brigode concernant le supplément d'indemnité de logement des troupes étrangères,

réclamé par les habitans du département du Nord.—
« Ce n'est pas, dit-il, dans les villes qu'on a le plus
» souffert, c'est dans les campagnes où les troupes
» n'étaient pas casernées. Il n'est pas un logement
» qui ne soit revenu à l'habitant à plus d'un franc
» par jour. L'indemnité qu'on demande n'irait pas
» à 20 centimes ; ce serait le cinquième, pourriez-
» vous le refuser ? »

Séance du 10 juin 1819. — M. DE MÉZY. « M. le
» Ministre avait demandé 10,317,000 francs dans la
» supposition où toutes les dépenses demandées se-
» raient allouées. Ces dépenses ayant été diminuées
» de 17,000,000 par la Chambre, il me paraît con-
» venable de diminuer, dans cette proportion, les
» intérêts de la dette flottante, et de les réduire
» à 9,500,000 fr. »

Séance du 1er. juillet 1819. — A l'occasion du
produit des loteries, M. de MÉZY dit : « La véri-
» table base proportionnelle devait être une moyenne
» prise sur dix années, car il faut écarter l'année 1814
» qui n'a produit que 3,000,000, et l'année 1818
» qui a donné un produit extraordinaire. En éta-
» blissant des calculs sur une moyenne étendue, à
» dix années, on trouverait qu'on n'arriverait pas
» à un terme de 11,000,000. Il faut ajouter que les
» sommes acquises dans les premiers mois ne le sont
» pas définitivement, et que tout dépend des chances
» du jeu pendant les sept derniers mois. »

Séance du 8 avril 1820. — M. DE MÉZY insiste de
nouveau pour que les départemens occupés par les

troupes étrangères obtiennent l'augmentation d'indemnité de logement qu'ils réclament. Cet honorable député reproduit les motifs puissans qu'il a déjà fait valoir dans les précédentes sessions, et il conclut à l'adoption du projet de la Commission.

Séance du 1er. mai 1820. — M. DE MÉZY demande la réduction du droit sur les charbons importés par la frontière du Nord, de 30 à 20 centimes. « La
» moitié du département du Nord, dit-il, qui com-
» prend 450,000 habitans, a, à cet égard, des intérêts
» opposés à ceux de la compagnie d'Anzin. Malgré la
» plus grande proximité de ce bel établissement, les
» charbons de Mons arrivent de Lille à Dunkerque
» à meilleur marché que ceux d'Anzin. — Je sais
» que, lorsque le canal de la Sensée sera terminé, et
» la navigation des autres canaux perfectionnée, les
» charbons d'Anzin viendront peut-être à Lille en
» concurrence avec ceux de Mons : on jugera alors
» des mesures que commandera l'état des choses. »

Séance du 28 mai 1821. — Dans la discussion sur le projet de loi relative aux donataires, M. DE MÉZY demande à proposer une rédaction qui pourrait concilier toutes les opinions. « Je propose de dire que
» les donataires *recevront* sur *des* listes arrêtées par
» le Roi, et non pas sur *les* listes, l'indemnité en
» inscriptions immobilières sur le grand-livre. Je
» maintiens ainsi et principalement l'hérédité qui est
» dans mon opinion. »

Séance du 16 mars 1822. — M. DE MÉZY avait proposé un amendement à un article du projet de loi relatif aux pensions de retraite des employés des administrations. Au lieu d'énoncer, comme l'article proposé par la Commission, qu'il pourrait être accordé aux employés réformés des indemnités temporaires *proportionnées à leurs services*, M. DE MÉZY avait demandé que l'on substituât ces mots : *qui pourront durer autant d'années qu'ils avaient d'années de service récompensables.*

« J'ai employé, dit cet honorable membre, le
» mot *récompensable* qui, je le sais, n'est peut-être
» pas très-français ; mais ce mot est en usage dans
» les réglemens d'administration, et il sert à dis-
» tinguer les services qui donnent des droits à la
» retraite de ceux qui n'y donnent aucun droit. Je
» crois qu'il est juste de proportionner la durée de
» la demi-solde à la durée des services. J'espère que
» la Chambre pensera de même et qu'elle adoptera
» ma proposition. »

Séance du 13 avril 1822. — La Chambre adopte la rédaction proposée par M. DE MÉZY sur un article additionnel à la loi des finances, portant « que les
» droits de pêche perçus sur les étangs salés qui com-
» muniquent avec la mer, et qui appartiennent au
» gouvernement, sont et demeurent supprimés. »

Séance du 2 juillet 1822.—« M. DE MÉZY demande,
» dans l'intérêt des fabriques de la ville de Lille, la
» réduction à l'ancien tarif de 10 francs de droit,
» celui de 24 francs proposé sur les fils de lin,
» simple, écru. »

M. Dupleix de Mézy a pris la parole dans plusieurs autres circonstances sur des objets relatifs à son administration comme directeur-général des postes. Sous ce rapport, nous n'avons fait aucune annotation, parce qu'elles auraient été étrangères au but de nos souvenirs.

M. LE COMTE D'ESTOURMEL.

Séance du 19 mars 1816. — Discussion sur la loi des finances. — Le point dont s'occupe plus spécialement M. d'Estourmel, dans l'examen du projet de la Commission, est celui qui concerne le Département de la guerre.

Il demande le rejet du projet de la Commission en ce qui touche l'arriéré, l'adoption du projet présenté par le gouvernement et l'allocation des dépenses de la guerre, telles qu'elles ont été proclamées par le Ministre.

Séance du 18 mars 1822. — A l'occasion de la discussion sur la partie du budget qui concerne le ministère des relations extérieures, M. d'Estourmel s'oppose au simple emploi d'une somme de 40,000 francs, comprise comme frais d'administration centrale.

« Je m'efforcerai, dit l'honorable député, par le
» contrôle d'un objet si médiocre, lorsque vous avez
» à délibérer sur la somme énorme de près de 900
» millions, de prouver l'obligation que contractent
» ceux qui ont en main le timon des affaires, de se
» mettre en garde contre cette facilité de créer de
» nouvelles dépenses, qui sied fort bien sans doute

» aux ministres d'un gouvernement absolu, mais
» nullement à ceux d'un État constitutionnel ; enfin,
» que MM. les Ministres devraient se persuader que
» le temps où nous vivons est peu propre aux abus,
» et que leur devoir est non-seulement de chercher à
» établir l'ordre, mais encore l'économie en la por-
» tant dans les petites dépenses encore plus que dans
» les grandes qui savent se défendre elles-mêmes. »

Séance du 17 avril 1822. — M. le comte D'Es-
TOURMEL propose un article additionnel au projet de
loi sur les pensions de retraite des militaires. Il est
ainsi conçu : « Le produit des pensions, dotations et
» majorats assignés sur le domaine extraordinaire, qui
» viendront à faire retour en vertu de la législation
» qui les régit, formera un fonds spécial dont il sera
» disposé à titre de pensions, en faveur 1°. des or-
» phelins et veuves des donataires ou des militaires
» en retraite ; 2°. des donataires amputés et autres
» qui n'auraient pas de moyens d'éxistence.

» Le produit de ces retours sera versé à la caisse
» des dépôts et consignations, et le compte en sera
» présenté annuellement aux Chambres. »

M. d'ESTOURMEL démontre que cet acte de justice
et d'humanité n'occasionnera aucune surcharge pour
le trésor ni pour les contribuables.

Séance du 19 avril. — « M. D'ESTOURMEL : Depuis
» plusieurs années, la Chambre a reçu diverses péti-
» tions sur le colportage ; elle les a toujours renvoyées
» au Ministre de l'intérieur. Je demande que la même
» décision soit prise aujourd'hui. »

Séance du 24 juin 1822. — M. D'ESTOURMEL prononce une opinion très-développée dans laquelle il attaque diverses dispositions du projet de loi sur les douanes et présente plusieurs amendemens, particulièrement sur les droits d'entrée des bestiaux et des suifs venant de l'étranger.

Le Moniteur du 26 juin 1822 rapporte en entier cette opinion dont l'impression a été ordonnée par la Chambre.

Dans les séances des 29 juin et 1er. juillet suivans, où la discussion de ces amendemens est reproduite, M. le comte D'ESTOURMEL rappelle les motifs qui les lui ont fait proposer : il donne des explications de localités qui intéressent le département du Nord.

Séance du 3 juillet 1822. — « En venant appuyer,
» dit M. d'ESTOURMEL, l'amendement en faveur de
» la réduction à 11 centimes du droit exorbitant de
» 33 centimes, perçu jusqu'à ce jour sur les char-
» bons belges entrant par le département du Nord,
» je m'efforcerai de vous prouver, avant tout, qu'ici
» l'intérêt du commerce, ou, en d'autres termes,
» l'intérêt national est en présence avec des intérêts
» privés. Vous démontrer cette vérité, c'est faire
» triompher la cause que je défends. Cette cause est
» juste, Messieurs; elle est celle des fabricans, ma-
» nufacturiers, consommateurs des départemens du
» nord de la France; elle est celle du pauvre comme
» du riche. Vous ne la rejeterez pas. »

M. D'ESTOURMEL développe ces considérations dans un discours dont la chambre ordonne l'impression.

M. FRÉMICOURT.

Séance du 5 juillet 1820. — M. FRÉMICOURT demande que les droits établis sur les huiles, par la loi du 25 mars 1817, cessent d'être perçus à compter du 1er. janvier 1821.

L'honorable député, après avoir développé les considérations puissantes sur lesquelles il fonde sa proposition, s'exprime ainsi :

« Je borne ici, Messieurs, des réflexions que j'au-
» rais poussées plus loin, si je n'eusse été retenu par
» la crainte d'exciter de nouveau l'impatience légi-
» time qui, après une session si prolongée, se ma-
» nifeste souvent dans cette Chambre, et si d'ail-
» leurs, par une fatalité remarquable, les discussions
» les plus importantes aux intérêts de nos commet-
» tans n'étaient, chaque année, rejetées à une épo-
» que où la fatigue nous interdit de profondes inves-
» tigations. Je crois d'ailleurs que, depuis long-
» temps, le gouvernement a pu se convaincre que,
» de tous les impôts que l'amélioration des finances
» permettra d'abolir successivement, il n'en est pas
» dont la suppression serait plus fondée en raison,
» ni la privation moins sensible au trésor. »

Séance du 13 avril 1822. — M. FRÉMICOURT appuie, par des motifs qui obtiennent l'assentiment de la Chambre, la proposition faite par la Commission du budget, d'un article additionnel à la loi, ainsi conçu :

» Les lettres de change, tirées par seconde, troi-
» sième ou quatrième, pourront, quoique écrites sur
» papier non timbré, être enregistrées dans le cas de
» protêt, sans qu'il y ait lieu au droit de timbre et à
» l'amende, pourvu que la première, écrite sur pa-
» pier au timbre proportionnel, soit représentée con-
» jointement au receveur de l'enregistrement. »

M. POTEAU D'HANCARDRIE.

Séance du 6 avril 1819. — (Extrait du Moniteur du 12 et du 13 avril.) « Nous rétablissons ici l'opinion prononcée dans la séance du 6 avril, sur le projet de loi relatif aux tabacs, par M. POTEAU D'HANCARDRIE, du département du Nord.

Cette opinion est très-développée, et un extrait ne la ferait pas connaître suffisamment. Les conclusions prises par l'honorable député sont : « que l'amen-
» dement de la Commission soit adopté en ce sens
» qu'un système de taxe soit substitué au monopole,
» à dater du 1er janvier 1822. »

Séance du 11 juin 1819. — M. POTEAU vote l'allocation des 23 millions demandés pour le service des douanes. — L'Assemblée ordonne l'impression de son discours.

Séance du 25 mars 1820. — Opinion, distribuée par M. POTEAU D'HANCARDRIE, sur le projet de loi relatif aux journaux.

« La loi que vous avez adoptée, il y a peu de jours,
» (celle sur la liberté individuelle), était une loi
» de confiance qui devait être votée par le senti-
» ment. — Celle-ci est réclamée pour le salut de
» tous. — Ce n'est ni le despotisme ni l'arbitraire

» que nous avons à redouter, mais la licence. »

M. Poteau termine en rappelant le coup fatal qui vient de ravir à la France un Prince de la maison de Bourbon, et vote pour le projet de loi.

Séance du 8 avril 1820. — M. Poteau d'Hancardrie succédant à M. de Mézy, appuie, par les instances les plus pressantes, les réclamations déjà présentées plusieurs fois par le département du Nord pour que l'indemnité de logement des troupes étrangères soit portée à 20 centimes, conformément à la proposition de son honorable collègue M. de Brigode, au lieu de 12.

Séance du 28 avril 1820. — M. Poteau insiste pour la prohibition du nankin de l'Inde.

« Vous avez, dit-il, entendu les plaintes des fila-
» teurs de coton sur la situation de leurs fabriques.
» J'ose dire qu'elles sont fondées, du moins en
» grande partie. Une industrie qui naguère donnait
» lieu à une circulation de 300 millions, qui oc-
» cupait des milliers de bras, décroît chaque jour
» d'une manière déplorable. Les faveurs accordées
» à des produits étrangers, parce qu'ils sont plus
» perfectionnés que les nôtres, les efforts, je dirai
» même les succès de la fraude lui occasionnent des
» pertes considérables. C'est dans cet état de déca-
» dence, qu'elle sollicite votre appui, et qu'elle vous
» demande une disposition qui lui rendrait quelque
» activité, qui serait le complément de votre sys-
» tème prohibitif, qui ne priverait le trésor que
» d'une somme bien modique, et qui ne ferait d'autre

» tort à notre marine marchande que de lui enlever
» le chargement de quelques tonneaux.

» D'après ces motifs, j'ose croire que vous ne lui
» refuserez pas le faible soulagement qu'elle réclame.»

Séance du 31 janvier 1821. — Les membres du
Conseil d'arrondissement de Lille réclament contre
la surcharge de cet arrondissement dans la réparti-
tion des contributions. M. POTEAU D'HANCARDRIE
appuie les conclusions du rapporteur de la Commission des pétitions, qui propose le renvoi au Ministre des finances, lequel s'empressera, ajoute
M. le rapporteur, de rappeler à M. le préfet du
Nord, que le Conseil général, dans sa session de 1820,
a promis de faire droit à la réclamation de l'arrondissement de Lille lors du répartement des contributions en 1821.

Séance du 17 mai 1821. — M. POTEAU D'HAN-
CARDRIE vote en faveur du projet de loi sur les
moyens de rétablir le port de Dunkerque. Il réfute
à l'avance les objections que l'on pourrait faire sur
les dispositions de ce projet.

9 782014 086799